꽃지의 연인

꽃지의 연인

백덕순 시집

月刊文學 출판부

ㅣ시인의 말ㅣ

나의 인생 1막은 백덕순으로
나만을 위해 살았다
인생 2막은 엄마로 살면서 어머니로 살다가
내 인생의 막이 내려지는 줄 알고 살았다

시인이 되겠다는 생각은 해 본 적 없이
컴퓨터를 알면서 음악도 듣고 시도 읽어 보고
그러다 낙서처럼 쓰던 글 때문에
준비 없는 시인이 되었다

아들 결혼식 날 며느리에게 보내는 글
「내 아들의 여자」를 신재미 시인이 낭송해

머느리를 울리고 주례 선생님도 울렸다는 말을 들었다
인생 3막이 시작된 것이다

눈꽃으로 피었다
물이 되어도
시인으로 다시 태어난
나의 오십대는 황홀했다.

2014년 가을에
설란 백덕순

차례

꽃지의 연인

아버지 얼굴

아버지의 집 하얀 정원에
나보다 오래 웃고 울어 줄
동백나무 한 그루 심어두고 왔어요

가슴에 놀던 그날의 꿈나무
모두 떠나 버린 빈 자리
하늘 지붕 아래 홀로 누워
한 해 두 해 몇 해가 지나갔는가

재 넘어서자 뜨거운 손길
아버지보다 먼저 달려나와
벙글거리는 꽃망울 속에

보고 싶어 눈물 나는
아버지 얼굴 그려 넣고
불러 보고 이별하고 했어요

방울방울 떨어지는 꽃봉오리

붉어진 가슴 안에 품고 와
어머니의 책갈피 열고 묻어 두었어요.

청계천

어깨가 늘어진 사람들이
어제보다 무거운
오늘을 한 가방 들고 나와
하얀 생명줄 목에 걸고
흘러가는 세월만 헹구다가
꿈이 무성한 빌딩숲으로 가고

역사의 현장 광통교 아래로
별을 달고 소풍 나온 병아리들은
돌다리 하나 둘 두드리며
달맞이꽃 손짓하는 풀언덕으로 가네

심장을 두드리는
돌과 물의 합창 소리
회색빛 시간을 걷어내는
새 역사의 흐름 소리

천 년을 깎아내는 바람 소리와
남과 북의 눈길이 마주치는

서울의 심장 청계천 거리에서

내일을 살아갈 사람들이여
손에 손잡고 보라 오늘의 이 기적을
이야기가 흘러가는 청명한 이 소리를.

꽃지의 연인

날지 못하는 바위섬
그 자리에 두 몸을 세워
멍든 세월 마디마디 목에 걸려도
늙지 않는 꽃지의 사랑은
진한 노을꽃으로 피어난다

구름과 바람을 밀어내고
꽃지의 주연 모델로 선발되어
황홀한 노을 축제를 위해
색동옷 갈아입으시고

저문 바다와 하늘이
물살로 만들어 가는 무대 위에서
번쩍번쩍 카메라 눈과 마주치면
정신을 차릴 수가 없다

적막한 파도 자락 넘어
바쁘게 돌아가던 풍경 소리는
흔적을 지우면서 돌아가고

방황하는 수평선 끝자락에
무지개 물감 풀어 영상편지 그리다가
황혼길 더듬는 꽃지의 연인
빈 해변을 지키는 바다가 된다.

박꽃 같은 친구야

내 마음인데 나도 몰라
아무 말도 하고 싶지 않은
우울한 날이 저물어 가고 있어

누구에게나 베풀기 좋아하는
박꽃같이 고요한 내 친구
허리가 아프다는데 오늘은
비가 와서 더 아프면 어찌할래

세월이 가느라고
우리의 팔다리 허리
마디마디를 아프게 하지
지금쯤이면 오뚝이처럼 일어나

앞마당에서 뜯어온
팔팔한 쑥부침 한 접시와
음악처럼 흐르는 빗소리와
눅눅한 마음 달래 줄
와인을 준비하고 있는지 몰라

웃고 있어도 눈물 나는
인생의 황혼길에서
친정엄마같이 넉넉한 내 친구
두 마음 기대어 가는 길에
세월아 먼저 가는 세월아
긴 아픔은 주지 말자.

—2007년 봄날,
박수영 친구에게

커피 연가

지금 이 시간
내가 좋아하는 커피는
맛으로 먹고 싶어서
끓이는 것만은 아니다

나보다 뜨거운 커피는
정갈한 찻잔에 알알이 녹아
황홀한 향기로 채워지고

걸어온 발자취마다
하얗게 바래 버린 흔적들은
빈 가슴 채워 주는 역사가 된다

황혼을 색칠하는
커피 한 잔의 사랑과
커피 한 잔의 추억과
커피 한 잔의 고독과

나만의 색깔로 얼룩진

세월이 남기고 간 사랑과 추억은
진한 향수로 다가오고

식지 않은 찻잔에
빨갛게 맺힌 입술
소리없이 흘러내려도 좋으리.

내 아들의 여자

청보리 냄새가 나는
풀잎같이 작은 여자가
꽃등 들고 새벽 강 건너와

젖은 목소리로
우리 엄마라고 불러 줄 때
나는 아무 말도 할 수가 없어
가슴이 뛰고 그냥 눈물이 나

내가 알고 있는 모국어 중
언제 들어도 슬프도록 아름다운 말
다 해 주고 싶은 아들의 여자
늘 하고 싶어도 못했던
사랑한다는 말밖에 할 말이 없어

한 송이 꽃보다 작은 여자에게
일평생 바라보기만 해도 좋을
내 아들을 주어도 할 말이 없어
보석 같은 너를 보면 그래

보고 있어도 그리워
그리움으로 설레게 하는
사랑스런 나의 사람아
내 아들의 여자가 되어 고마워.

흙의 부활

봄이란 봄은
몇 겹의 산 넘고 강을 건너
남촌에서만 오는 줄 알았다

흙이불 덮고 자란 봄이
꼬부라진 허리 등지고
호밋자루 만지는 어머니 손끝에서
오골오골 오고 있는지 나는 몰랐다

봄의 뿌리가 잠든
논이랑 밭이랑 열고 심장을 빚어
부활의 씨앗을 뿌리면
황홀한 봄날의 기적을 볼 것이다

흙에서 태어난 봄의 소리가
물오른 가지 끝 꽃자리에
등불을 켜고 볼을 비비면
자연의 가슴에 생명의 싹이 터
흙의 부활을 볼 것이다.

황혼길

서해바다 끝자락에
노을 밀어내고 어둠 내리면
호밋자루 만지며
저기 조개 줍는 할머니
굽어진 허리 둥지고
집으로 돌아갑니다

노을 방황하는 빈 바다에
은빛 머리카락 반짝이며
홀로 황혼길 걸어가는
저녁 노을보다 뜨거운 풍경

나는 한순간도
함께 갈 수가 없어
나루터에 놀고 있는
물새 한 마리 보내 놓고 갑니다.

밤길

노을꽃 지는 물언덕에서
풀숲 흔드는 물의 노래가
긴 적막을 깨우고 지나간다

찔레꽃 향기보다 진한
우리 어머니 냄새
몇십 년 만에 맛보는 공기인가

내 긴 그림자를
잡았다 놓았다 하는 그대가
사랑하지 않아도
내 긴 외로움을 알아 주지 않아도

따뜻하고
유쾌하고
손을 잡고 걸어도 좋고
혼자 걸어도 황홀한 길

하얀 엽서 한 장 남기고

기다림이 남아 있는 설렘과
이브의 동산으로 떠나 버린 사랑이
멀리 있어도 반짝이는 별처럼

허락도 없이
내 가슴 열고 들어와
녹슨 기억의 촉수를 높이고 있다.

낭만의 둥지

꽃담 황토색 벽 쪽으로
그림처럼 앉아 있는 당신이
국화차 향기에 취해
황혼의 낭만을 즐기고 있을 때

어디서 어떻게
돌려받을지 모르는 내 마음을
허락도 없이 조금씩
조금씩 가져가고 있었을까

무지개 물감 풀어
토끼 얼굴 그리던 하얀 반달은
낭만의 둥지 창가에 피고지는
노을꽃 풍경도 그리고 있었을까

진한 흙냄새와
빈 공간을 달콤하게 채워 주던
해와 달 그리고 별사탕 모양의
담배연기와도 이별을 할 시간

공기보다 무거운 침묵이
마지막 찻잔에 채워지고
허공에 헛돌다 마주치던 눈길은
이별을 준비하고 있었을까?

9월이 오면

창문 사이로
선잠에서 깨어난 고추잠자리
벽에 기대어 날개를 여민다

목청 터진 매미 소리
가을이 한 발 성큼 다가오고
밤마다 거울 속에 그려 보던
코스모스 아릿한 얼굴

하늘 멀리 보내며
알알이 영글어 가는 포도송이
작은 소망도 익어 가고

갈림길에서
가끔 남몰래 꺼내 보면
붉어지는 그날 꿈의 대화
서럽게 바스러져 볼 수 없어도

9월이 오면

코스모스보다 더 진한
불이 될 가을 사랑을 위해
거울을 닦아야겠다.

어머니의 눈물

어머니
늙으신 내 어머니는
사랑입니다

언제까지나
형제들 우애를 챙기시는
어머니는 눈물입니다

오늘도
자식들 모여 좋아하시는
그 모습도 눈물입니다

갓김치 떡 과일
가져갈 수도 없을 만큼
가득 담아 주시는 꾸러미 속에
어머니의 눈물도 담겨집니다

자식들 모인 자리에서
당신이 영 떠나신 후

잘 지내야 한다고 말씀하시는
눈물의 어머니 사랑합니다

언젠가는
추억이 될 오늘이
가슴에 걸려 더 슬퍼진
추억이 눈물 되어 흐를 때

오늘 어머니
눈물까지도 가슴에 가득
담아 가겠습니다.

우리 어머니

머리에 갈대꽃 피우고
돌아온 어머니의 집에서
아버지 추도예배가 끝나면

일 년 동안 수십 번 뒤집었다
풀었다 하던 먹거리들이
정선 오일장보다는 못하지만

몇 년씩 묶인
된장 간장 고추장
산나물 김 생선
자식들 먹일 생각에
콩 반쪽도 여덟으로 가르시고

일평생 퍼주고 또 주시고도
가득 채워 보내지 못하는 아쉬움에
눈치만 살피시는 우리 어머니

웃고 있어도 가슴 아픈

긴 이별 앞에서
오늘도 주름살만 하나 더
그리다가 갑니다.

아름다운 사랑

우리가
살아가는 모양대로
마르지 않은 삶의 지혜를
물같이 채워 주시는 어머니

지상에서 최고의
아름다운 어머니 사랑을 배워
어제보다 더 성숙해 가고

보이지 않아도
살아 있는 공기처럼
영원히 함께 갈 내 그림자처럼
어머니 아름다운 사랑으로

나 또한
어머니 모습을 갖추어 가고.

동행

우리가 오늘 황혼길에서
네 안에 내가 있고
내 안에 네가 있는
보석 같은 인연 하나가
정갈한 삶의 의미가 된다
막힌 벽 허물어지듯
가슴 열고 떠나는 자유여행
아내의 자리도 내려놓고
엄마의 자리도 내려놓고
하루 중에서 반 토막도 안 되는
너와 나를 위해 준비한 시간
알몸으로 달려온 파도를 타고
태양 저편 바람의 섬에
소금꽃 따러 가자
이 시대 너를 만난 건 행운이며
일평생 곁에 두어도 질리지 않을
사랑과 우정이 익어 가는 동행길에서.

—2006년 가을날,
한옥님 친구에게

할머니 방

할머니 방 베개 마루에는
먼지를 뒤집어쓴 사진 두 장이
나란히 누워 있었다

구 남매 중 장손인 오빠와
할머니 무릎에서 자란 내 사진이다

특별한 사랑을 받던 오빠와
허락도 없이 서울로 유학을 떠나고
말 못하는 그리움이 병이 되어
추억과 현실의 혼돈 속에서
사진 지키는 일로 하루를 사셨다

사진 도둑 누명을 쓰고도
허허거리는 아저씨는
할머니와 하룻밤 자고 가라지만

숨이 막히는 냄새가
할머니 향기인 줄 모르고

배앓이할 때
약손으로 쓸어 주시고
뼈만 앙상한 부채로
파리 모기를 쫓아 주시던
특별한 사랑이 잠든 그 방.

마중

소리 내어 한 번
불러 봤으면 좋겠습니다

그때 그날처럼
떡 과일 김치 북어포
남쪽 나라 내 고향에서
싱싱한 생선이랑 얼음 재워

큰아들은 강남
작은딸은 일산 이름표 달고
어머니의 손맛 먹일 생각에

몇백 리 새벽길
달려오시는 우리 아버지
마중 한 번
나가 봤으면 좋겠습니다.

먼 길

준비 없는 이별이라
영혼이 흔들릴 때

험한 세상 어찌 살까
마음만 졸이시다

고단한 삶 벗어 놓으시고
먼 길 떠나가신 내 아버지

꽃길 따라 가시는 길
돌아보고 또 보다가

달님과 친구하여
정답게 하늘길 가셨나요.

이별의 강변

마지막 쪽배 타고 가는
못다 피운 꽃봉오리
넌 그때 하늘문 열고
먼 길 떠났는지 몰라도
난 아직 너를 보내지 못했어

약속도 없이 찾아온
이별의 강변에서
그날의 흔적 하나
볼 수도 만질 수도 없지만
너를 느끼며 노을을 보내고 있어

새야 새야
우리 영혼의 만남을 이어 주는
파랑새야 울지 마라
몇 번의
갈대꽃이 피고지고
약속의 그날이 오면
너를 보내고 돌아온

하얀 쪽배 타고 이별 강 건너
천사의 나라로 가면 너를 만날까?

월정역 억새꽃 피면

정거장 뒷마당에
등 기대고 억새꽃 피면
저 산모퉁이 돌아
기적 소리 들릴까

마지막 그날까지
견디지 못하고 녹아내리는 몸통
굽어진 갈비뼈 하나

언제쯤
번쩍번쩍 단장하고
북녘으로 달릴까

그날부터
바람꽃 피우고 있었노라고
가슴 치는 소리 북으로 간다
북으로 간다.

휴전선 꽃

통일촌 마을 태극기는
몇십 년 피로 물든 역사를
가슴에 달고 반겨 주는데

조국을 지키다
총부리 북으로 돌려놓고
흙이 되어도

고독한 휴전선 천지에
눈물의 풀꽃으로 피어나
통일로 가는 문을 두드려야 하리

평화의 종이 울리고
통일의 그날이 오면
만나야 할 사람은
일어나 눈을 떠야만 하리.

향수

감나무 대추나무
팔다리 꺾어 내던
여름 태풍 지나간 자리에
피눈물이 흐른다

우리 집 앞마당으로는
실개천이 흐르고
형제들 둘러앉아
소원 하나씩 종이배에 실어
여수 앞바다로 보내 놓고

어머니표 팥칼국수
한 그릇씩 들고 나와
마당으로 흐르는 물에 식혀 먹던 곳

외가마을 돌아온 기적 소리는
고향 역 하나 지나지 못하고
서울로 유학 보낸 아들딸
홀로 기다리며 잠 못 이루시는

어머니의 긴 기다림을
때마다 달래 주고 있었을까.

바람 아래 해변에서

흔적없이 달려온
파도 소리 음표 달고
어부가를 불러 주는 바닷가에서
둥지를 틀지 못하는 오늘이
수평선 너머로 멀어져 갈 때

태우다
제 몸만 태우다가
타다 남은 구름 한 조각 살아나
바닷바람에 몸을 식힌다

안면도 여행길에서
유채꽃 속에 머무는 동안
꽃이 되는 노랑나비처럼

바람 아래 머무는 동안
달콤하고도 행복한 시간
참으로 고마운 날이다.

파도꽃

침묵 속에 잠겨
그리움 크고 있는 겨울 바다에
수평선 넘어온 파도를 타고
알몸으로 달려온 날선 바람이

절망의 하얀 물 갈피 열고
한순간 눈부시게 피었다 지는
순결한 파도꽃 피우고 있다

햇살이 피어나는 꽃 같은 오후
구름도 졸고 있는 갯마을에서
목줄기 세워 불러 주던
허기진 물새의 노랫소리는
솔가지 잎새 기대어 잠이 들고

한여름밤의 황홀한 꿈들이
하얗게 부서지는 빈 바닷가
기다림만 남아서 뒤척이고 있다.

안개 바다

꼭꼭 숨어 버린 바위섬
어디가 바다이고
어디쯤이 육지인지

방황하던 해님은
먹장구름 밀어내고
웃는 얼굴 내밀어 본다

하얀 날개 달고
날지 못하는 물새 한 마리가
앉을 자리를 찾아
초록 바람 타고
안개 바다 건너고 있다.

바다의 눈물

죽음의 바다 살리자고
대한의 아들들이
총 대신 삽을 들었는가

바람의 붉은 언덕에 올라
멀리 보이는 저 바다는 황홀한데
산허리 잘라
군인들이 만들어 준 새길 따라
외줄 타고 철계단 아래로 내려가면

기름 먹고 통곡하는 바다가
내장까지 들어간 검은 기름을
숨쉴 때마다 토해 내고 있다

기름 먹은 몽돌 호미로 캐네
닦아 내고 돌아서면 다시 토하고
태안 바다는 온통 회색빛 우수였네
수평선 넘어온 하얀 파도가
갯바위 가슴만 물어뜯다가 가네.

해당화

영암 아리랑 고개를 넘어
백수의 해변길을 걸어가면
바다보다 먼저 달려와

꽃자리 내어 주고
심연의 바다를 보여 주는
고운 꽃 해당화야

바닷바람에
부딪히며 흔들리며
웃고 울던 여름은 빨갛게 익어 가고

그리움 붉어 가는
바람의 언덕에서
꽃은 지고 사랑은 떠나가고
소금꽃으로 그대를 볼까.

양귀비

빨강 그리움이
눈시울 적시는 그날에
열정으로 피우는 꽃

봉제산 오르다가
떨어지는 심장 소리
얼음처럼 멈추다가
까맣게 태우다가

뜨거운 한 떨기 입술
빨갛게 아리아리 서린 가슴
어느 임 심장에 송알송알
피멍울로 맺히려나.

설란의 풍경 소리

친구 집 마루에서 보면
앞집 건너 하얀 집 옥상에서는
이름 모를 새들의 잔치가 열려
이웃마을 새들까지 초대해
봉제산 아랫마을에 경사가 났네
색동옷 한 벌 벗어 놓고
계절은 가고 없지만
자연이 만들어 준 새들의 낙원에서

잔칫상 끝머리에 남겨진 홍시가
바람결에 깎여 야위어 가는
알몸을 눈꽃 속에 감추고
겨울 풍경화 그리고 있더라

홍시 한 입 물고
까악 깍 새들의 합창
전설처럼 들려오는
고향의 풍경 소리가
눈 덮인 빈 가지에 매달려
바들바들 떨고 있더라.

사랑초꽃

노을보다 진한
어둠 내리면
잎부터 재우고서야
잠자리에 드는 고운 것아

고물고물 내 곁에 누워
숨소리도 없이 뒤척이더니
나보다 먼저 잠이 든다

해만 솟아라
이제부터 시작이다
큰 잎부터 흔들어 깨워
쪽빛 하늘 가리우고

눈만 커진 사랑초꽃
사랑하는 소리 뜨거워라.

꽃새

얼음강 풀어낸
하얀 꽃 목련화야
뜨거운 몸짓 너무 짧구나

날개 하나 그려 넣고
잠시 머물다 가는 꽃새

솔가지 잎새 기대어
움직이는 수채화로
걸어 놓고 싶구나.

4월이 오면

청잣빛 하늘문 열고
축복의 4월이 오면
정갈하고 도도한 백목련

아버지의 집 하얀 정원에
붉은 그리움으로 멍울진 동백
부활의 영광으로 피어나는 꽃

눈꽃 자리 털어내고
은혜로운 햇살 머물다간
양지바른 산자락 천지에

부활의 4월이 오면
꽃불 출렁이는 영취산
진달래꽃 잔치로 초대합니다.

첫만남

느끼는지 못 느끼는지
하얀 나라를 만나고
벅차겠구나! 나의 천사

꼼지락 꼼지락
반짝이는 까만 눈동자
황홀한 인형 같구나

두려운 길
빛으로 사랑으로
아름다운 세상에 왔으니

꽃바람에도
배시시 무너질 듯
매서운 눈보라
맞설 수 있겠느냐

가벼운 눈맞춤으로
두근거리는 너와 나의 첫 만남은
영영 못 잊을 영상으로 남으리.

황홀한 만남

불 같은 사랑이 와서
어제보다 초라한 내 가슴에
할미반 이름표를 달아 주고

눈웃음이 피어나는 시간에
뱅글 비틀 말춤을 추기도 하고
눈만 뜨면 개발해 내는 재롱으로
날마다 에너지가 충전되고 있다

내 생애 최고의 사랑이 와서
안방 건넛방 고독한 내방까지
웃음꽃이 피어 방실방실 기쁨을 주고

내 마음 속 통곡의 날이 와도
환상의 배꼽인사를 하는
미소천사 지유의 눈을 보면
온 세상은 황홀한 꽃밭이다.

느낌

오늘 가슴이
뚝 떨어졌어
나도 모르게 그랬어

왜냐면 너는
내 마음 흔들고 있는
코스모스 같았거든

어떠한 보석보다
빛나는 좋은 느낌
세상 끝날까지 나는
너와 동행하고 싶어

바람 아래로 내려와
내가 좋아하는 몸짓을 하고
내 마음 흔드는 코스모스 여인.

어디서 왔니

첫날에
멋진 아빠를 만나고

미스코리아처럼
예쁜 엄마를 만나고

꽃다운 언니를 만나
벅차겠구나

두리번두리번
황홀한 첫만남
나 시를 쓰는 할머니야

두 볼엔 보조개
오물오물
어디서 왔니.

이렇게

할머니
머리 이렇게 묶어 주세요

아니
그렇게 말고
이렇게

아니라니까
그렇게 말고
이렇게 해 달라고요

오늘 나는
이렇게를 몰라
회초리를 들었다

우는 지유를
노랑 유치원 차에 태우고
참 기가 차서

이렇게를 몰라
온종일 울고 싶었다.

카지노의 밤

정선으로 가는 길은
설렘의 그 길은 돈길이다
빨강 신호등도 돈이고
푸른 신호등도 돈이다

입장표를 내밀자
사진기가 내 손가방 열고
제멋대로 내장까지 들어가
립스틱 카메라 유리병
목에 걸리는 대로 꺼내 놓는다

입장부터 얼음이다
영업장 안으로 들어서자
눈뜬 돈과 눈먼 사람들
웃음 잃은 시선들과 마주치면
내 심장이 얼어붙는다

객장 넘어 낮이나 밤이나
입을 떡 벌리고 꾸벅꾸벅

눈먼 돈을 기다리는 전 당사들

당기기만 하면 와르르
다발로 쏟아질 줄 알았지
저 달이나 따다
반으로 나눠 가질까?

난새봉*

하얀 깃털을 세우고
날개를 푸득일 때마다
도레미파 솔라시도가
걸어 나온다

천상의 소리를
씨줄과 날줄로 빚어
환상의 음표를 달아 주는 난새봉

온몸으로 우는
팔색조의 가을 음악회
금새는 노래하고
은새는 트위스트 춤을 추고

난새봉 하나로
사랑의 감동을 전하는 새.

* 난새봉 : 금난새의 지휘봉.

문학의 강

섬진강 빗소리에
맑은 영혼의 음표를 달아 주는
섬진강 대표 소리꾼
빨강 악동들의 노래가

나보다 먼저
기타줄 높은음자리에 앉아
문학의 날개를 달아 주고 있다
문학의 수도 섬진강
하동포구 뱃머리에서
풀피리 불어 주던 청개구리는
구멍 난 하늘 보고 통곡하다 잠이 들고

전라도와 경상도가
한 몸으로 뿌리내린 남도 대교 아래
둥지를 틀지 못하는 물새 한 마리가
몽돌 한 가닥에 몸을 세워
눅눅한 앞섶 풀어헤치고
빗방울만 한나절 털어내고 있다.

사임당 어머니

어머니는 먼 길 떠나가시고
난 죽어도 보내드리지 못하고

이승의 마지막 시간을
지켜드리지 못해
죽을 것만 같았던 날들이
일 년하고도 9개월

남산 한옥마을에서 열린
신사임당기념 예능대회 참가해
아버지의 하늘정원에 피고 지는
진달래꽃 주제를 받아

수상의 영광으로
어머니의 빈 자리를 채워 줄
신사임당 어머니를 만났소

불러도 대답 없는 어머니
오늘은 운명처럼 만난
사임당 어머니를 불러 봤소.

휘파람을 부세요

사랑과 미움
혼돈의 길목에서
휘파람 불어 주던
바람 같은 사람아

보고 싶을 때
볼 수 있는
그 자리에 있어 주기

사랑하고도
쓸쓸해지는 사람아
휘파람을 부세요.

여행

여수 엑스포가 열리던 날
동생이 예약해 준 기차표는 안 주고
휴대전화기만 보여 주라는
암호 같은 이야기만 들고 와
5호차 창쪽 자리에 몸을 던지고
낭만을 끌고 가는 여행길
여수역을 홀로 두고
서울행 무궁화 열차는 떠나가네

남자 승무원이
눈동자만 굴리다가
그냥 유령처럼 지나가고
고향같이 포근한 마을이 달려올 때
따각따각 각진 소리를 끌고
여자 승무원이 로봇처럼 지나갔다
꽃산 등허리에서 놀던
친구들과 진달래꽃 따 먹고
소 풀먹이던 추억이 갈피갈피
말 한 마디 못하고 지나가 버렸다

기차표 보자는 사람도 없고
어디까지 가세요
물어 주는 사람도 없다
영등포역까지 갑니다
이 말을 해야 하는데.

동강의 달밤

달아
오늘 밤 너와 내가
출렁이는 강물 위에
부표처럼 흔들릴지라도
한 계절 업고 가는
코스모스 바람 꺾지 말고
달맞이꽃으로 물들어 가는
그 집 창가로 오라
달아
물안개 졸고 있는 강가에서
방울꽃 입술에 꽃물 맺인
이슬방울 깨우지 말고
동강에 뜬 네 그림자 밟고 와
젖은 목소리로
초록 피리 불어 준다면
이 밤 물이 되어도 좋으리.

바람 아래 풍경

바람은 홀로
서쪽 하늘로 날아가고
바닷냄새 짙어 가는
바람 아래 해변에 서면

나는 황금빛
바다를 맴돌다 노을이 되고
노을은 섬 하나
돌아온 바다가 된다

밤을 준비하는
서해바다 모퉁이 해변에서
철썩철썩 우는 바다 두고

눈물로 쓴 갈매기의 노래는
허물어진 모래성 어루만지며
어둠의 갈피마다 음표를 단다.

문을 열고

이슬방울 털고 일어난
촉촉한 내 마당에
푸른 새날이 날아와
꽃씨를 뿌려 놓고

높은음자리에 앉아
햇살 두드리는 청명한 소리
창문 열고 들어오라 하자

생동거리는 이 아침에
이슬꽃 떨어져 흙이 되어도
내 귀는 나보다 먼저
이부자리 털고 홀로 일어나

호수공원의 어둠을 깨치고
나온 호숫가로 달려가
물안개 너울 쓰고 기다리는

목이 길어진 하이얀 연꽃

옷자락 열고 한 번 안아 볼까
내 안에서 화장을 한다.

봄날의 꿈

긴 목이 서러운 겨울나무는
기적을 보여 주려고
환상의 빛깔을 빚어 내고 있는가

지난 시간 한순간도
되돌려 세울 수 없는 우리는
바람꽃 한 송이 피워 내지 못할지라도
잠시 머물다가는 빈 자리에
먼지만한 흔적이라도 남길 수 있을까

봄비 오는 날
소리 없이 내리는 빗방울에도
녹아 내릴 듯한 애잎을 보면
남몰래 싹트는 지독한 가슴앓이

마른 가슴
초록 물감으로 색칠하거든
마음의 꽃 한 송이 피워 보리라
오십줄에 피어나는 봄날의 꿈.

호숫가에서

그대가 걸었던
그 길을 걸어와
바라보던 꽃을 봅니다

어디쯤인가
떠나지 못하고 서성이는
그날의 발자국 잠든 언덕에

돌담길 돌아
휘영청 달 그림자
꿈꾸는 한 송이 연꽃

흔들리는 옷자락
가만히 즈려 밟으며
긴 입맞춤

오늘
그대는 보았는가.

눈먼 사랑

운명적 만남이
나만의 기쁨이 되고
한때는 절망이기도 하고

웃고 울던 날들은
천만 번 버리려 해도
죽지 않고 살아서
기다림의 문을 두드리는
별처럼 초롱한 추억이여

정리하지 못한 그리움이
밤마다 비척거리는 지금도
말 한 마디 못하고 묻힐 내일도

내 안에 들어와 불이 될
눈먼 내 사랑이여
내 심장 소리 들리는가.

환상의 강

전설의 에덴동산
그날의 연인들 사랑보다
더 뜨거운 내 사랑이여

하늘보다 먼저
노을빛 물든 퇴촌 강가에
파란 집을 지어요

기다림에 묶인 조각배
밧줄에 매인 시간 털어내고
버들가지 춤추는 뱃머리에서
버들피리 불어 준다면
이슬만 먹고 살아도 좋으리

사랑이 흐르는 강가에
그리움 크고 있는 하얀 달이 뜨면
물안개 한 아름 안고 와
그 집 창가에 달아 주어요.

신방

꽃소식보다 먼저
반가운 우리 임 소식
입에 물고 오시는 줄 알았지

첫새벽부터 우쭐우쭐
꼬리 치며 촐랑대더니
둘이서 청사초롱 들고 와
신방 차릴 자리를 찾고 있었어

높지도 낮지도 않은
가지 끝 꽃자리에
바람의 길을 돌려 놓고

물오른 잔가지 꺾어다가
만져 보고 다녀 보고
머리 맞대고 토닥토닥
집터를 다듬고 있었단 말이지.

봄날은 간다

꽃망울 열어 주는 봄의 자리에
도도한 백목련꽃
4월 어느 날 피었다
어디쯤에서 졌는지
나는 몰랐어

봄비에 부서질까
밤잠 설치게 하던
오솔길 솔밭 지나 서서 우는
눈물 어린 제비꽃보다

방황하는 임 생각에
하얀 가슴 설레일 때
봄날은 간다고 아우성이네

찬란한 봄꽃 지고
새잎 피는 줄 모르다가
봄날을 보내고 말았어
사랑하느라 몰랐지!

봄마중

바위틈 깨뜨려
얼음강 건너온 진달래꽃
아린 새 가슴 내밀어
봄소식 전해 주면 어떨까

눈에 넣어도
아프지 않을 것 같은 제비꽃
그곳에 가면 볼 수 있는지

꽃샘바람 타고 산 넘고 강 건너
누가 사시는지 모르는
봄의 고향 남촌으로 건너가 봤으면

나보다
몇천 배나 작은 몸짓으로
연둣빛 봄길 걸어온 봄처녀

생기 오른 동산에 씨앗 뿌려
씨눈 밟고 사분사분 오시는 임
환상의 봄마중 가자.

가을 밤

죽어도 죽지 않는 밤
잠 못 이루는 귀뚜라미
마른 목소리로 가을을 노래하고

제 몸만 태우는 풀냄새와
가슴에 차오르는 들꽃 향기는
깊어 가는 가을 밤을 설레게 한다

오늘도 죽지 않는 밤
보고 싶을 때
보고 싶은 그 사람을
창 밖에 홀로 세워 두고

죽어 가는 이 한 밤을 위하여
하늘에 올라 구름꽃 피우는 밤
멀리서 수척한 별 하나가
잊혀진 기억처럼 깜박거린다.

가을아

올가을 최고의 물감
뒷주머니에 감추고
무지개 따라온 가을아

꽃진 자리마다
통통하게 매달린 꿈 잘 익어
농부 입가에는 군침이 돈다

삼백육십오일
일용할 양식이 영글어 가는
고개 숙인 황금 들녘

코스모스 패랭이 쑥부쟁이
들꽃잔치 환호 소리
팔봉산 봉우리마다 어깨춤 추고

가을 강가로 내려와
출렁이는 청잣빛 하늘에서는
바다 냄새가 난다.

가을 여자

마지막 단풍
태우는 가을아
멀어져 가는 하늘아
나는 지금 현기증이 난다

늦가을
은밀한 오솔길에서
시린 목 데워 줄 누가 있으며

또각또각
황홀한 낙엽의 거리에서
같이 걸어 줄 누가 있을까

작별의 그날에
색동옷 한 벌 벗어 놓고
먼 길 떠나가는 가랑잎의 노래
연둣빛 꿈꾸고 있는지 몰라.

가을

털복숭이 송아지
팔베개 내어주고
가을 강 베고 누워
구름 나라 선녀님을 만나는지
저 황홀한 몸짓

대를 이어 일소로 태어나
나만 보면 뿔 내밀어
힘자랑하던 우리 소는
맑은 눈에 눈물 고인 채
소식 끊어진 지 아물아물

대문 없는 담장 넘어
두 볼 붉어지는 감이랑 대추랑
눈 감고 기다리면
어머니 그 빈 집으로 들어가신다.

갈대

바람보다
가벼운 갈대는
천 년을 흔들려도
제자리로 돌아오리

일평생을 흔들리다
우리는 영영
제자리로 돌아오지 못하리.

기도

순결한 당신의 영토에
사람으로 태어나
짐승만도 못한 몸짓으로
우리 주님 가까이 가지 못합니다

생각하면 눈물만 나는 세상
사랑이 많으신 아버지와
대화하는 법을 몰라 눈물 납니다

죽어도 좋을 이 죄인에게
기적 같은 은혜와 용서로
새 길을 열어 주시고

스스로 만든 상처로 멍든 가슴
정신을 차릴 수 없는 혼돈의 시간
성숙한 사람으로 승리할 수 있도록
주님 앞에 바로 세워 주시기를
기도합니다.

오동도 동백

꽃비가 내리던 날
흩어져 가는 추억을 찾아
나는 동백섬으로 간다

여수의 보물
오동도 동백꽃 송이
뜨거운 꽃잎 속에 얼굴을 묻고
방울방울 떨어지는 지독한 고독

연분홍 꿈을 지켜 주던
하얀 등대는 낭만에 젖어
그리움을 끌고 가는 동백 열차를 타고
바다로 가는 길이
빨강 꽃물로 출렁거린다.

가시오가피

친정집 뒷마당
울타리가 되어 준 가시오가피는
멀리 이웃마을까지
관절의 보약으로 알려졌다

꼬부라진 허리 등지고
지팡이 할머님들이
가시오가피 꺾어 가시던 그날이
옛이야기인 줄 알았다

관절이 약한 사람들에게
희망을 주는 그 집에서
비켜가지 못하는 우리 어머니
무릎 병도 고치시고

삐걱거리는 내 관절을 알고
올가을에 지인이 보내 주신
늙지도 않는 가시오가피
무릎에는 힘이 솟아오르고.

카페에서

노을꽃 지는 언덕
정갈한 초원의 찻집에서
커피향보다 무거운
너의 담배연기는
인생의 쓴맛을 태워
팍팍한 가슴을 풀어 내고 있는지

웃고 있어도 눈물 나는
인생의 가을 앞에서
영혼이 맑은 너를 만나
심장이 뜨거워지던 날

이름을 몰라
부르지도 못하는 별 하나가
노을이 지나간 창가로 내려와
마지막 찻잔에 작별이라 쓴다.

여행길에서

서리 말리는
마른 나목의 상흔 위로
무지개 색깔 빛의 공연
황홀한 무대 위에 올려놓고

수평선 넘어가는
저 노을 꽃의 뜨거운 몸짓
심장이 터질 듯한 이 감동을
한순간도
붙잡아 둘 수가 없었습니다

구름을 꺾어 버린
환상의 겨울 여행열차는
휘파람 불며

바람보다
앞서거니뒤서거니
세월을 밀어내고 달려갑니다.

새해 첫날에

황금 왕관을 쓰시고
첫날을 데리고 온 태양은
둥글게 살아가라고
이 세상천지에
공평한 새날을 선물해 주는지

소풍 가는 아이처럼
밤새 잠 못 이루게 하는
새해 첫날 아침은
어느 희망의 나라에서
방실방실 오고 있는지.

아침에

구름 성 안에다
바람꽃 피우는 사랑이여
못다 피운 꽃송이 하늘에 두고
무너지면 어쩔래?

하루를 살자고 서럽게 태어나
한강의 어둠 밀어내고
새벽 강 깨우는 이슬이여
방울방울 꽃자리 내어주고
어디 앉을래

내 긴 외로움을
눈 뜨고 지켜 주던 밤은
하얀 사연 엮어 목에 걸고
어디로 갈래.

노을 축제

누구를 위한
뜨거운 몸짓인가

천만 가지 빛의 형상대로
한강의 노을 축제는
이제부터 시작이다

행주대교를 지나가던
양떼구름 새털구름 가슴에
비단결 햇살 무늬 만들어
내일로 가는 길 열어 놓고

부질없는 미련 묻어야 할
오늘의 끝자락에서
붉어진 두 볼 만지며
먼 바다로 가는 길에

황금빛으로 물들어 가는
한강 다리 하나 건너고 있다.

문이 열리고

친지가 뱅글거릴 때
하늘 문이 열렸다

천당 문을 지나
일일구 문이 열리고
천사들이 지키고 있는
공포의 응급실 문이 열렸다

내 몸은 바퀴를 달고
신비스러운 통 속으로 달려가
또각또각 탕탕 사각사각
내 머릿속을 부숴
제멋대로 분석 중이다

자유를 묶어 놓고
그곳의 삼십 분은 몇 삼십 분인지
내일을 다시 볼 수 있는지
영원한 무덤 같았다

뱅글거리세요
흰옷 입은 로봇 소리와
온 밤이 뱅글거리는 응급실의 밤.

보고 싶어서

공항의 이별은 짧고
너와 나 갈 길은 멀다

네가 떠난 빈 집에
창문 지나온 마른 바람이
긴 안부를 기다리고 있다

하루에도 수십 번
네가 보고 또 보았을
하늘 보고 산수유나무를 보고

눈 감으면
네 모습 어른대다
말없이 허물어져
내 가슴 무너뜨린다

빈 거리
소슬바람이 일면
쓸쓸히 돌아서는 뒷모습

밤마다 자장가 불러 주던
귀뚜라미 흐느끼는 소리만
허공에 부딪혀 부서진다.

날개

고향 가는 날
날개를 달아 주었다

긴 지평 넘어 은하수 건너
금가루 은가루 휘날리는
저기 꽃길 임자는 누구인가

지상에 얼룩진 자국마다
꽃가루 뿌려 묻어 버리고
가슴 울렁이게 하는 하늘길을
휘적휘적 날아서 간다

날 오라 하는 등불은
거기 있거든 축수를 높여 주오
어머니의 집으로 가는 길에.

단발머리

단발머리 첫사랑을
허공에 그렸다 지웠다 하던
남해 쪽빛 바다에서 만난
그때 그 사람은

머리에 갈대꽃 피워 놓고
하얀 단발머리 마지막 사랑을
그렸다 지웠다 하고 계실까

청춘을 살라먹던
첫사랑의 추억도
황혼을 까맣게 태우는
마지막 사랑도
나란히 나란히 늙어 가고 있을까?

진달래꽃

4월이 오면
진달래꽃은 피고
아버지는 먼 길 떠나시고

약속의 그날이 오면
새집으로 이사 온 울타리에
진달래꽃으로 단장해 놓으시고
몇 밤을 설레며 기다리실까

영혼의 길이 열리는 시간
하늘 지붕 열고 기다리시는 아버지
가슴에 묻어둔 꿈나무
잠시 머물다 간 빈 자리에
마음의 향기로 채워 줄 진달래꽃

약속의 4월이 오면
볼 수도 만질 수도 없는
내 아버지를 보듯
하얗게 웃어 주는 꽃을 봅니다.

백덕순 시집_ 꽃지의 연인

초판 인쇄 | 2014년 10월 1일

초판 발행 | 2014년 10월 5일

지 은 이 | 백덕순

발 행 인 | 정종명

편집국장 | 차윤옥

펴낸곳 | 사단법인 한국문인협회 月刊文學 출판부

주소 | 서울시 양천구 목동서로 225 대한민국예술인센터 1017호

전화 | 02-744-8046~7

팩스 | 02-743-5174

이메일 | klwa95@hanmail.net

등록 | 2011년 3월 11일 제2011-000081호

ISBN 978-89-6138-278-6 03810

값 8,000원

잘못 만들어진 책은 바꾸어 드립니다.